Décentralisons !

Conférence faite le lundi 29 juin 1896, à l'Hôtel-de-Ville de
Saint-Brieuc, à l'occasion du premier Concours provincial
organisé par la Société des Agriculteurs de France.

PAR

RENÉ GRIVART

Avocat

DOCTEUR EN DROIT

RENNES

IMPRIMERIE MARIE SIMON
rue Leperdit, 2 bis

1896

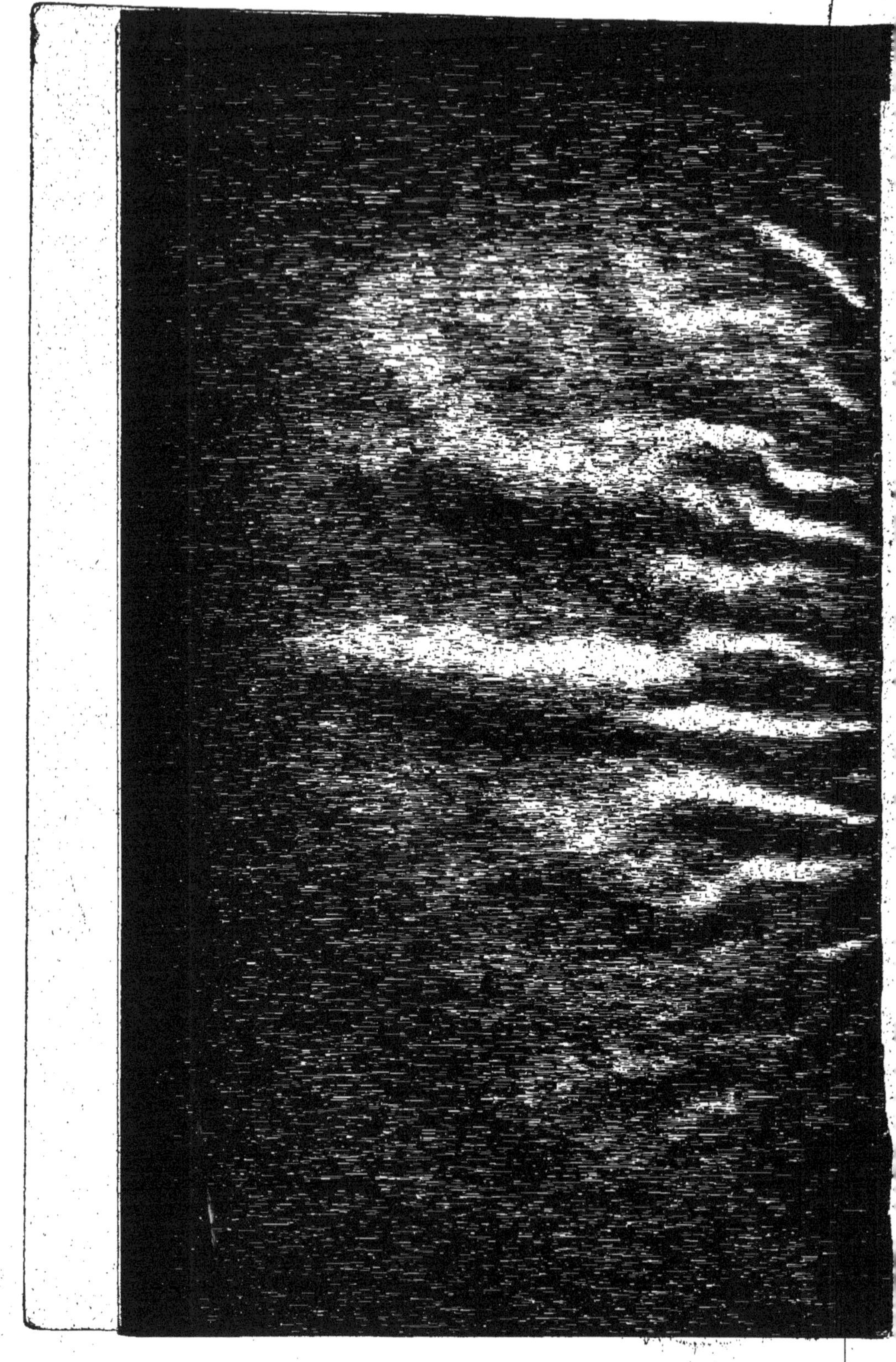

Décentralisons!

Conférence faite le lundi 29 juin 1896, à l'Hôtel-de-Ville de
Saint-Brieuc, à l'occasion du premier Concours provincial
organisé par la Société des Agriculteurs de France,

RENÉ GRIVART

Avocat

DOCTEUR EN DROIT

RENNES

IMPRIMERIE MARIE SIMON

rue Lepordit, 2 bis.

1896

Décentralisons!

Messieurs,

La *Société des Agriculteurs de France*, cette institution féconde vis-à-vis de laquelle le pays lui-même a déjà contracté, me semble-t-il, de si considérables obligations, prenait l'an dernier une résolution hardie, vraiment digne de la place qu'elle tient et de son patriotisme éclairé.

Sur la proposition de plusieurs des membres de son Comité, ne décidait-elle pas, en effet, de, comme sa grande émule d'outre-Manche, la *Royal english agricultural Society*, consacrer à l'organisation de Concours régionaux privés l'accumulation menaçante de ses disponibilités financières?

A l'instigation de l'un des plus éminents et des meilleurs parmi nos compatriotes de l'Ouest, M. le vicomte Charles de Lorgeril, l'*Association bretonne*, qui jamais ne se laisse devancer lorsque lui paraît en jeu l'intérêt de notre vieille province, l'*Association bretonne*, dis-je, entrait, ainsi que la *Société hippique des Côtes-du-Nord*, en relations avec la *Société des Agriculteurs de France*, — en relations diplomatiques et en négociations positives.

Ces négociations aboutirent. De puissance à puissance, en quelque sorte, il fut convenu que le premier essai de Concours régionaux privés aurait lieu à Saint-Brieuc au mois de juin 1896 et qu'il y serait donné à cette époque, sous les auspices et par les soins tant de l'*Association Bretonne* et de la *Société hippique* que de la *Société des Agriculteurs de France*.

En ce qui me concerne, Messieurs, et s'il est permis à ma jeunesse de se mettre en avant, j'éprouvai, je me le rappelle, une joie marquée à l'annonce de l'accord intervenu.

Me direz-vous que c'était, apparemment, à l'idée qu'une manifestation inédite de l'esprit de progrès et d'entreprise se préparait? à l'idée encore que cette manifestation se préparait en Bretagne, et en Bretagne, à Saint-Brieuc, dans l'une des villes, à coup sûr, où je compte, en même temps que le plus de souvenirs, le plus d'attaches et le plus d'affections?...

Je me plaçais surtout, je l'avoue, à un point de vue plus élevé, peut-être, et en tout cas, plus abstrait.

Je démêlais, en effet, dans le caractère si nettement régionaliste de la tentative projetée, dans l'adhésion si visiblement enthousiaste de nos sociétés bretonnes et de nos syndicats bretons, et des symptômes à relever, et des espérances à concevoir.

Des symptômes! Mais depuis le temps que chacun la reconnaît, depuis le temps que chacun la proclame, cette nécessité de grouper les forces provinciales, ne passait-on pas de la déclamation et de la théorie à la pratique par une généreuse application!

Des espérances ! Mais cette généreuse application ne pourrait-elle pas en susciter d'autres ? n'éveillerait-elle pas les initiatives ? n'exciterait-elle pas les courages ? Ceux qui voient dans une décentralisation raisonnable et raisonnée la régénération même de ce pays de France ne sortiraient-ils pas de Saint-Brieuc plus déterminés à la lutte, à la lutte coûte que coûte, — jusqu'à la victoire.

Aussi, Messieurs, quand, il y a quelques jours, me fut adressée l'attrayante invitation de prendre la parole à ce congrès des syndicats de l'agriculture, qui de notre Concours provincial devait être le complément et la suite, sur cette thèse du décentralisme qui, de longue date, m'a comme défenseur, je l'accueillis, je vous le déclare, avec la satisfaction et la reconnaissance que vous supposez.

Croyez-le, je ne me dispose pas, en une conférence de quelques quarts d'heure, à vous développer de point en point un programme en forme, à vous soumettre de paragraphe en paragraphe un projet précis de réorganisation administrative, en vous détaillant à loisir tous les résultats à en attendre dans l'ordre, soit de la politique, soit des faits économiques ou sociaux.

Mais alors, plusieurs journées me suffiraient à peine, pour peu que je me piquasse, — et naturellement, je m'en piquerais, — de justifier tour à tour, serait-ce le plus brièvement du monde, les différentes solutions que je présenterais à l'approbation bienveillante de mes auditeurs !...

Au surplus, est-il véritablement nécessaire, est-il

même utile de livrer, dès le début de la campagne à entreprendre, aux heurts de la critique et aux chocs de la discussion, un programme en forme, un projet précis, — le moment a-t-il sonné, je le demande, pour les partisans disséminés du desserrement des liens qui nous rongent et qui nous étouffent, de rechercher minutieusement — quitte à ne pas s'entendre — ce qu'ils feront de la liberté qu'ils réclament lorsqu'ils l'auront finalement conquise?

Je considère qu'ils ne doivent, à l'heure où nous sommes, se préoccuper que de la conquérir.

La réalisation de cette réforme que de toutes parts, pourtant, l'on prône : la décentralisation, ne s'effectuera jamais, ne peut pas s'effectuer du consentement magnanime du Pouvoir central. Pourquoi? Parce que, d'habitude, l'on ne se dépouille pas spontanément, et que, pour le Pouvoir central, décentraliser de bonne grâce ne consisterait-il pas, en partie, à se dépouiller de gaieté de cœur?

Les Gouvernements, ne l'oublions pas, quelle que soit la composition qu'ils offrent, quelle que soit l'étiquette qu'ils prennent, ne se résoudront à prêter l'oreille à ce que les décentralisateurs ne se lassent pas de, patriotiquement, proposer que si le mouvement irrésistible de l'opinion du pays les met dans l'obligation de le faire.

Ce mouvement, nous avons donc le devoir strict, le devoir immédiat de le créer. Pour cela, Messieurs, par tous les moyens, par la parole, par la plume, vulgarisons les idées qui servent de base à des convictions désormais assises. Puisque nous regardons que la patrie a tout à perdre à une centralisation absolue, tout à gagner à une décentralisation raisonnable et raisonnée, nous aurons, je crois, bien mérité d'elle en amenant à nous, peu à peu, à la fois l'élite et le gros du public français.

Je m'en vais, si vous le voulez bien, en cette conférence, me poser successivement avec vous différentes questions; de mon mieux, je m'en vais y répondre.

Quelle est l'origine de cette centralisation qui nous pèse?

Quelle est la situation qu'elle nous vaut et quelles sont les conséquences de cette situation?

Y a-t-il un remède au mal grave dont nous nous plaignons?

L'application de ce remède est-elle possible? — serait-elle périlleuse, comme on l'a soutenu? serait-elle, comme on l'a soutenu, pire que le mal?

I

« On répète souvent, dit M. Paul Deschanel, député, dans son livre sur la décentralisation [1], on répète souvent que c'est la Révolution française qui a créé la centralisation. Oui et non. Présentée sous cette forme, l'assertion est inexacte. La centralisation existait sous l'Ancien régime; 89 a essayé de la dé-

1. *La Décentralisation*, Berger-Levrault et Cie, éditeurs, p. 43.

truire et de fonder le gouvernement du pays par le pays; 93 l'a rétablie et accrue; Bonaparte l'a encore aggravée. Revenir aux maximes de 89, répudier celles de 93, tel est notre programme. »

L'on ne saurait, ou je me trompe, s'exprimer avec plus de justesse en même temps qu'avec plus de modération et plus de clarté que M. Paul Deschanel.

Oui, la centralisation existait sous l'Ancien régime; ce qui pourrait nous induire à croire le contraire, c'est la « déconcentration », qui, de la décentralisation véritable, n'est, à proprement parler, que le mirage. Comme nous le savons, en effet, la France était divisée en trente-quatre circonscriptions administratives connues sous le nom de *généralités*. A la tête de chacune se trouvait, à côté du gouverneur, l'intendant. Or, si le gouverneur, en dépit des pouvoirs illimités que ses lettres de provision continuent à lui conférer pour la montre, n'est plus qu'un personnage de pur apparat qui ne réside même pas dans la province, l'on peut, à partir de Louis XIV, considérer l'intendant, que l'on appelait sous Richelieu « l'homme du roi, » comme le souverain arbitre dans la région dévolue à son commandement exclusif de par la confiance du monarque, — surtout dans les vingt et une généralités qui ne constituaient pas des *pays d'États*. L'Écossais Law le déclarait à d'Argenson :

« Jamais je n'aurais cru ce que j'ai vu pendant que j'ai dirigé les finances. Sachez que le royaume de France est gouverné par trente intendants. Vous n'avez ni parlements, ni comités, ni états, ni gou-.

verneurs; j'ajouterais presque ni Roi ni ministres; ce sont trente maîtres des requêtes commis aux provinces de qui dépend le bonheur ou le malheur de ces provinces, leur abondance ou leur stérilité. »

De même, le Génevois Necker, en 1777, faisait l'observation que « dans les pays d'élection, l'intendant paraissait bien plus un vice-roi qu'un lien entre le monarque et ses sujets. ».

Constatons, toutefois, que depuis la Régence, le droit de décision de plus en plus réservé au Conseil du roi, ainsi que l'institution de chefs spéciaux pour certains services, tels que celui des ponts-et-chaussées, avaient sensiblement réduit, au profit des bureaux ministériels, l'autorité presque sans contrôle comme presque sans mesure des administrations provinciales.

La décentralisation, d'ailleurs, le gouvernement du pays par le pays, n'en avaient, bien entendu, de quelque manière qu'on envisage, profité.

C'est pourquoi, plus l'on approche de 89, plus la protestation apparaît vive contre l'absorption par l'omnipotence du Pouvoir central de toute la vie de la nation, de tous ses ressorts et de toutes ses ressources.

Le 29 décembre 1786, M. de Calonne, sous la pression de nécessités financières terribles, procédait à la convocation de l'Assemblée des notables. Dans son discours d'ouverture, prononcé deux mois après, le 22 février 1787, il annonça que le Roi, se conformant à ses propositions, avait résolu d'entrer en contact avec ses sujets par l'établissement dans les *pays d'élection* d'une hiérarchie de trois degrés d'assemblées délibérantes : Assemblées de province, Assemblées de district, Assemblées de paroisse, qui feraient parvenir de l'une à l'autre jusqu'aux pieds du trône les vœux et les doléances de leurs commettants.

Le renvoi de M. de Calonne et son remplacement par le cardinal de Loménie n'entraînèrent pas la disgrâce de ses idées, qui n'étaient, d'ailleurs, que la reproduction des projets de Turgot.

Le cardinal de Loménie se les appropria et un édit, en juin 1787, décida qu'il y aurait désormais, dans toutes les provinces où il n'existait pas d'États, des Assemblées provinciales composées de membres des trois ordres. La représentation accordée au Tiers serait égale à celle de la Noblesse et du Clergé réunis.

Au-dessous des Assemblées provinciales devaient fonctionner les Assemblées de district et de paroisse. Les Assemblées dites de paroisse, élues, en ce qui concerne les membres du Tiers, par des électeurs censitaires payant au moins dix livres de contributions, faisaient sortir d'elles les Assemblées dites de district, qui faisaient à leur tour sortir d'elles les Assemblées dites de province.

Aux Assemblées provinciales incombait en particulier, aux termes de l'édit, le soin de la répartition et du recouvrement des contributions directes, le soin encore de l'entreprise et de l'exécution des travaux publics.

Les sessions étaient annuelles ; dans l'intervalle, l'administration restait confiée à une Commission intermédiaire et à des procureurs syndics que l'on désignait.

Les Assemblées provinciales ne se réunirent qu'une fois, l'année même de leur création, en 1787.

C'est que dès lors, en effet, la nation, de plus en plus désorientée, ne portait-elle pas bien au-delà ses réclamations ? De simples Assemblées provinciales ne suffisaient plus à contenter ses aspirations complexes. De toutes parts, ce cri, de plus en plus impérieux, retentissait en France : États-Généraux !

Comme le relève avec raison M. le député Paul Deschanel dans la citation que je vous ai faite, le régime ultra-centraliste dont nous nous plaignons à l'heure actuelle ne peut pas, ne doit pas être imputé au mouvement de 1789, ne peut pas, ne doit pas être imputé à la Constituante...

La Constituante, au contraire, ne semble avoir visé que ce but : la décentralisation à outrance. Elle y atteignit jusqu'à mettre partout la désorganisation générale.

M. Taine, dans ses *Origines de la France contemporaine*[1], s'exprime ainsi sur la Constitution de 1791 :

« Dans la machine que la Constituante a faite, les moteurs se contrarient ; l'impulsion ne se transmet pas ; du centre aux extrémités, l'engrenage fait défaut ; les grandes roues du centre et du haut tournent à vide ; les innombrables petites roues qui touchent le sol s'y faussent ou s'y brisent ; en vertu de son

1. Tome II, page 244.

mécanisme même, elle reste en place, inutile, sur-
chauffée, sous des torrents de fumée vaine, avec des
grincements et des craquements qui croissent et
annoncent qu'elle va sauter. »

De fait, la Constitution de 1791 ne fournit pas une
longue carrière. La Constitution de l'an II, qui lui
succéda, resserra les liens entre le Pouvoir central et
les administrations départementales et communales.

Elle aussi, d'ailleurs, dura peu. La marche des
évènements en hâta la chute. Dès le lendemain du
18 Brumaire, Napoléon Bonaparte se préoccupa de
donner à la France une constitution nouvelle.

La France, lasse de ses agitations et de ses déchi-
rements, lasse de trop de désordre et de trop peu de
sécurité, ne demandait alors qu'à s'en remettre entièrement à l'homme de gloire qui lui restituait tout à
coup ce qui lui manquait le plus : la paix intérieure.

La Constitution de l'an VIII, combinée par Napoléon Bonaparte pour son usage, est essentiellement
centraliste. Toute l'administration du pays se trouve
aux mains du Pouvoir central, de même que tout le
Pouvoir central, toute l'autorité souveraine, se trouvent aux mains du Premier consul.

Eh bien! Messieurs, après tant de vicissitudes et
de changements, au point de vue administratif, nous
vivons encore à l'heure actuelle sous le régime de la
Constitution de l'an VIII, sous le régime de la Constitution napoléonienne...

Le premier Empire a pu s'écrouler dans le fracas
des batailles rangées pour que les Bourbons rempla-

çassent les abeilles par des fleurs de lys; la Monarchie de la charte a pu se substituer à la Monarchie
légitime pour que l'avènement de la seconde République la fît disparaître à son tour; le second Empire
a pu présider vingt ans à notre évolution économique
et sociale et la troisième République s'installer à sa
place sur les ruines fumantes que laissaient à la fois
la guerre étrangère et la guerre civile; après les
journées de Juillet, nous avons eu celles de Février;
après les journées de Février, la Commune; le mot
de : Liberté ! brille sur tous nos murs ; mais, au point
de vue administratif, le régime sous lequel nous vivons
n'a, je le répète, pas varié, puisque nous continuons
à rester soumis à l'effroyable engrenage imaginé par
la toute-puissance pour assurer le règne de la toute-
puissance, par l'absolutisme pour assurer le règne de
l'absolutisme, par Napoléon Bonaparte pour assurer
sa domination victorieuse à tous les degrés de la
construction politique élevée par lui-même pour lui !

Ce que disait — en 1852, où je me trompe — le
prince Albert n'a donc pas cessé de rendre une vérité
qu'en ce qui me concerne, je ne considère pas comme
discutable :

« Les Français, disait-il, ne sont que les specta-
teurs du gouvernement de la France. »

— Nous rechercherons, si vous le voulez bien, de
quelle façon, encore aujourd'hui, sous la troisième
République, l'on ne peut, tout compte fait, que sous-
crire au jugement que formulait l'époux de la reine
d'Angleterre, il y a près d'un demi-siècle et sous le
second Empire.

II

Prenons la commune; nous prendrons ensuite le département...

Eh bien! je vous le demande, la vie communale est-elle chez nous ce qu'elle devrait être? la vie communale est-elle chez nous active et intense, comme nous la voyons à l'heure actuelle dans presque tous les pays d'Europe?

Nul ne s'avisera, je suppose, de répondre que oui.

Dans le système qui nous régit, en effet, l'on peut dire que la participation de l'ensemble des citoyens au fonctionnement de la commune se réduit au dépôt par eux d'un bulletin de vote dans une urne tous les quatre ans. Nous ne contribuons pas, nous assistons à l'administration de la localité qui nous sert de résidence.

Comment cela? — pour deux raisons.

La première, c'est que tandis qu'à l'Étranger, en Allemagne et en Angleterre, par exemple, la gestion des intérêts communaux s'exerce par des organes innombrables, — commissions d'hygiène, d'instruction, de bienfaisance, de voirie, — l'on ne connaît chez nous qu'en tout et pour tout un moteur unique : le Conseil municipal.

« A Londres et dans les assemblées paroissiales, dit M. Paul Leroy-Beaulieu [1], 50,000 personnes au

1. Nous ne saurions trop à ce sujet recommander la lecture de la belle étude intitulée : *L'Administration locale en France et en Angleterre.*

moins prennent part, comme membres délibérants ou comme fonctionnaires paroissiaux, à la gestion des affaires locales; à Paris, 80 personnes seulement vaquent à ces services, et tout le reste de la population y demeure étranger. »

Quatre-vingts personnes qui vaquent à l'administration d'une ville de trois millions d'âmes!... Mais encore, y vaquent-elles d'une façon effective, d'une façon complète, ou n'est-ce pas plutôt le préfet de la Seine et le préfet de police qui, se partageant les fonctions de maire de Paris, dirigent à la vérité les affaires de la capitale de la France?

Chez nous, le maire est le maître; qui le niera? Le maire, avec ses attributions multiples, auxquelles correspondent ses multiples prérogatives, détient et représente à lui seul tout le pouvoir exécutif dans la commune. Il suffirait, me semble-t-il, de cette seconde circonstance pour que l'on ait à constater, tout en le regrettant, le défaut de développement chez nous de ce que nos voisins les Anglais se plaisent à caractériser sous le nom de *self-government*.

A ce point de vue, d'ailleurs, comme à celui que je vous indiquais à la minute, nous nous trouvons vis-à-vis de l'Étranger et de ses institutions communales en un état d'opposition et, je crois, d'infériorité manifestes.

La France, à l'heure actuelle, apparaît comme l'unique contrée où le pouvoir exécutif dans la commune soit resté ce qu'il était au lendemain de la promulgation de la Constitution de l'an VIII, c'est-à-dire *unitaire* et *personnel*. Dans tous les autres pays, le même pouvoir exécutif est collectif. « Le maire, selon l'expression de M. Deschanel [1], n'est que le président du Conseil d'administration de la commune; il n'est, à proprement parler, qu'un petit souverain constitutionnel. »

Pour passer de la commune au département, pas plus que la vie communale, la vie départementale ne témoigne sous le régime que nous subissons de l'ampleur et du développement qu'il faudrait. Le vote, en 1866 et en 1871, de deux lois émancipatrices a bien pu largement étendre la sphère de décision et de compétence de nos Conseils généraux; ces assemblées, toutefois, ne jouent pas encore, à coup sûr, l'entier du rôle que, légitimement et rationnellement, elles devraient jouer dans l'administration courante de la fraction régionale que constituent nos départements et dans la gestion des intérêts privés de ces derniers.

Deux changements s'imposent en ce qui les concerne.

Il faudrait, en premier lieu, que le pouvoir exécutif dans le département fût transféré, relativement à toutes les affaires qui ne regardent que lui, du préfet à la Commission départementale.

Il faudrait ensuite que, de même, fût enlevée au représentant du Pouvoir central pour qu'on la remît à cette délégation, qui jamais ne se séparerait, la tutelle des communes, des hospices, des établissements de bienfaisance.

1. *Op. cit.*, p. 10.

M. Waddington, rapporteur du projet de loi sur les Conseils généraux en 1871, se dépensa vainement au cours de la discussion publique en faveur de cette double innovation qui ne s'inspirait, constatait-il et répétait-il, que des principes déclarés du véritable libéralisme : l'Assemblée de Versailles ne consentit pas à la sanctionner.

Conclurons-nous de là que la majorité des législateurs du temps y fussent fondamentalement hostiles et considérassent qu'à tout prendre, il n'y avait pas de sérieux bénéfices à en espérer? En aucune manière.

Nous n'ignorons pas, en effet, qu'une bonne partie des députés qui se prononcèrent contre les conclusions de la Commission, développées et soutenues par son rapporteur, ne firent en réalité que de se conformer à des préoccupations qui, tirées de la politique seule, et de la politique la plus égoïste et la plus étroite, restaient complètement étrangères à la question même, telle que la posait le projet de loi.

Le malheur, au surplus, de la question de la décentralisation, en général, ce qui en a retardé, ce qui en retardera la solution, c'est qu'il suffise que, dans nos Chambres, les uns se préparent à demander le desserrement de nos liens pour que les autres se préparent à, délibérément, s'y refuser, — les autres qui, la veille encore, peut-être, proclamaient à toute occasion, comme M. Jules Ferry sous le second Empire, que ce dont la France a le plus besoin, c'est d'un Gouvernement qui soit faible!

De la situation que nous vaut et que vaut à ce pays

le régime de la centralisation césarienne, de fort complexes conséquences doivent évidemment tirer leur source. M. Ferrand, dans son Mémoire sur les *Institutions administratives en France et à l'Étranger*, les relève et nous les signale :

« A l'Étranger, dit-il, la commune et la province sont des foyers de vie, d'efforts, d'agitation saine; on y lutte, on s'y concerte, on s'y passionne à propos des questions et des magistratures locales, de l'impôt, de l'instruction, de l'assistance, de l'hygiène, des travaux publics; mais, grâce à ces dérivatifs, les affaires de l'État sont soustraites, au moins dans une certaine mesure, à la controverse universelle, à l'emportement, et traitées en général avec plus de maturité. Chez nous, la commune, le département, et encore plus, le canton et l'arrondissement, inertes, dépourvus de puissance éducative, laissent chacun indifférent; mais chacun discute la forme du Gouvernement et le Gouvernement lui-même; chacun est républicain, bonapartiste, orléaniste.

« A l'Étranger, le pouvoir existant compte d'innombrables collaborateurs associés librement à sa responsabilité et à sa destinée; chez nous, il ne s'appuie que sur les fonctionnaires et sur une quantité très restreinte d'élus. A l'Étranger, le vote politique est principalement le fruit de l'initiation et de l'apprentissage communal et provincial; chez nous, il ne peut être pour la plupart de ceux qui l'exercent qu'une formalité abstraite, que l'expression d'un courant passager, d'un caprice, de la passion ou de l'ingérence officielle. »

Reprenant sous une forme plus méthodique les observations de M. Ferrand, je dirai que le régime ultra-centraliste, à quatre points de vue en particulier, me paraît se montrer pleinement digne des anathèmes qu'en ce qui le touche, nous ne craindrons jamais de voir se dérouler.

La centralisation absolue rend impossible notre éducation politique. — Elle entraîne l'instabilité de nos Gouvernements. — Elle contribue à décupler le chiffre de nos fonctionnaires. — Elle contribue, par contre, à tuer en nous l'esprit d'entreprise et de résolution, la vitalité puissante qu'accusait autrefois la race à laquelle nous appartenons.

Comment se ferait-elle, notre éducation politique, alors que, comme nous l'avons vu, les 36,000 communes de France ne sont, en toute exactitude, administrées que par 36,000 personnes : leurs 36,000 maires ?

D'ailleurs, il en serait différemment, et les Conseils municipaux vaqueraient, à l'inverse de ce qui a lieu, d'une façon effective, d'une façon complète, à la gestion des affaires municipales, que la presque totalité des citoyens ne connaîtraient pas davantage des choses de la commune et de leur maniement. La presque totalité des citoyens, en effet, ne trouvent nécessairement pas à figurer dans des assemblées restreintes, trop restreintes, et auxquelles, chez nous, ne s'adjoignent pas, comme à l'Etranger, de nombreuses commissions, techniques ou autres, ouvertes aux bonnes volontés compétentes.

Si la commune est en quelque sorte le fief de son maire, le département est en quelque sorte celui de son préfet. Les Conseils généraux ne revêtiront définitivement la physionomie de ce que nous nommerons une école supérieure d'apprentissage de la vie publique et de la vie parlementaire, que du jour où, comme les décentralisateurs le proposent, le pouvoir exécutif dans le département, relativement à toutes les affaires qui ne regardent que cette unité, passera des mains du préfet, c'est-à-dire du représentant de l'autorité souveraine, à celles de la Commission départementale érigée en délégation permanente.

Il est assez de mode à l'heure actuelle d'à qui mieux mieux critiquer la marche, d'à qui mieux mieux contester le rendement de la machine parlementaire; l'on ne s'émeut même pas, en des cas fréquents, de signifier au parlementarisme que sa banqueroute reconnue a d'ores et déjà commencé...

Que l'on puisse considérer la composition de nos Chambres comme étant de nature à flatter notre amour-propre national, je me garderai, croyez-le, de me livrer vis-à-vis de vous à cet excès de paradoxe. Mais à qui la faute, si le recrutement de nos conseils législatifs ne semble pas à l'éloge de nos électeurs?

Nos électeurs, en effet, ne sauraient pourtant pas, communément, se décider entre les candidats en présence d'après ce qu'ils ont fait les uns et les autres, puisque, dans le système qui nous régit, les uns comme les autres n'ont pu d'habitude faire quoi que ce soit, d'après les capacités que les uns et les autres ont déployées, puisque, sous le régime que nous subissons, les uns comme les autres n'en ont pu, à de rares exceptions, déployer l'ombre. Qu'en résulte-t-il? Que les mandants en viennent fatalement à confier le mandat à celui-ci et à ne pas le confier à celui-là au hasard des professions de foi respectives, au hasard des opinions opposées. L'on ne vous élit que sur les épithètes que vous vous donnez, ou encore, sur des tendances qui se cachent, mais que, malgré les épithètes, l'on vous prête.

Pas plus que nos électeurs, selon moi, ne sont, à vrai dire, tout à fait coupables en ce qui concerne la composition insuffisante de notre Parlement, nos élus ne le sont tout à fait en ce qui concerne le fonctionnement défectueux de l'appareil constitutionnel.

Ce n'est pourtant pas leur faute, je vous le demande, s'ils abordent le Palais-Bourbon dénués à l'envi de toute initiation qui compte à la pratique des affaires publiques!... De toute initiation qui compte, car, supposerons-nous que, dans leur ville ou dans leur village, ils aient ceint l'écharpe de maire, l'on reconnaîtra que, quelles que soient l'étendue et la variété des attributions, l'étendue et la variété des prérogatives que, chez nous, l'écharpe de maire vaille aux privilégiés qui la ceignent, l'administration au jour le jour d'une localité, serait-ce de plusieurs milliers de résidents, ne préparera jamais sensiblement à ce qu'est le maniement des choses de l'État, à ce qu'est la gestion des intérêts nationaux.

De là, de ce manque de maturité de la part de nos élus, me paraît provenir, notamment, cette irritante

stérilité, ce faux air de manifestations purement ora-
toires qui distinguent à chaque session les débats de
tant de leurs séances.

De là me paraît provenir, ajouterai-je, la déviation
habituelle de ces débats du côté de l'idéologie politique, — ce qui entraîne la chute répétée de nos ministères. Nos députés, en effet, à qui l'occasion n'a
que rarement été dévolue de se heurter aux difficultés
de l'application, ne peuvent pas admettre qu'elle en
rencontre. Que nos ministres, dès lors, essaient une
fois de se régler dans leur conduite sur des nécessités
qui les frappent, l'on se met à crier désespérément à
la violation des principes, jusqu'à provoquer une
crise dont il y a fort à penser que les principes ne
profiteront pas !

La centralisation absolue, en sus de là chute répétée de nos ministères, a, nous l'avons dit, pour l'une
de ses conséquences l'instabilité de nos Gouvernements. M. Ferrand, dans le passage de son Mémoire que je vous ai cité, nous en indique la raison
expresse.

Du moment que, chez nous, la vie communale et
départementale, la vie particulariste, en un mot,
n'existe pas, ou à peine, du moment que le Gouvernement central apparaît partout et, partout, apparaît
seul, ou quasi seul, c'est le Gouvernement central,
c'est son fonctionnement et sa forme que, perpétuel-
lement, l'on discute ; c'est à lui qu'on se plaint, c'est
de lui qu'on se plaint ; les mécontentements se coa-
lisent ; de toutes parts l'on sape l'édifice, et un matin,

l'édifice ébranlé s'écroule, à la stupéfaction de ceux qui l'occupent comme, parfois, à l'étonnement même de ceux qui le sapaient !

N'est-ce pas là l'histoire de nos deux révolutions de Juillet et de Février? Ni M. de Villèle, au lendemain du renversement de Charles X, ni M. Guizot, au lendemain de celui de Louis-Philippe, ne se sont, d'ailleurs, mépris à cet égard.

M. de Villèle, dans l'exil définitif de toute direction des affaires, élabora — trop tard — un projet de réorganisation partielle de nos institutions municipales; quant à M. Guizot, il se résigna — trop tard aussi — à se représenter que « lorsque le Pouvoir supérieur a mission à la fois de gouverner avec la liberté et d'administrer avec la centralisation, l'œuvre est presque impossible... »

Effectivement! et le comte de Chambord, en 1862, le constatait à son tour, puisqu'il écrivait cette phrase :

« L'essai qui a été fait du régime représentatif à l'époque où la France avait voulu confier de nouveau ses destinées à la famille de ses anciens rois, a échoué pour une raison très simple : c'est que le pays qu'on cherchait à faire représenter n'était organisé que pour être administré. »

Le régime ultra-centraliste contribue à décupler le chiffre de nos fonctionnaires. Si nous en recherchons les pourquoi, nous ne tarderons pas à les découvrir.

L'organisation de l'an VIII, ne comportant pas la participation des bonnes volontés compétentes à la conduite générale des affaires du département ou de la commune, départementaux ou communaux, les divers services ne sont à même, chez nous, d'assurer de haut en bas leur jeu régulier que par l'emploi de professionnels, que par l'embrigadement de parasites.

C'est ainsi que dans le pays du dévouement et de la charité, sur la terre des Vincent de Paul, il y a deux siècles, et, à notre époque, des Le Pailleur, l'Assistance publique — oui, l'Assistance publique! — ne fournit-elle pas le prétexte à l'apparition d'un corps nouveau dans l'immense armée des salariés de la nation et de ses entretenus!

De ses entretenus, dis-je... Mais combien de fonctionnaires ne mériteraient-ils pas le stigmate de cette injurieuse qualification! Combien de fonctionnaires, en effet, n'émargent-ils qu'en raison de fonctions que nous ne pouvons considérer, j'imagine, que comme une rente qui leur a été constituée! Que de sinécures!

Dégageons, si vous le voulez bien, les responsabilités que, de ce chef encore, assumerait à mes yeux le système qui nous régit.

Nous avons vu que, de par ce système, le Gouvernement, quel qu'il fût, ne cessait pas, dans son fonctionnement et dans sa forme, de soulever de furieux débats et de furieux combats; les attaques se succèdent aux attaques, les assauts succèdent aux assauts...

Pour ne pas tout de suite succomber, le pouvoir, brutalement visé, doit se défendre; l'on se défend, et pour se défendre, l'on corrompt.

L'on corrompt comme l'on peut et tant que l'on peut. M. Maurice Barrès — de qui, d'ailleurs, je ne partage pas le socialisme, ni, malheureusement, le talent — le disait dans la très philosophique conférence que, sous ce titre : *Assainissement et Fédéralisme*, il faisait au mois de juin dernier à Bordeaux : « Nous sommes un peuple vendu à son Gouvernement. »

S'agit-il de collectivités à conquérir? le Gouvernement, à telle ville, accorde un chemin de fer, et à telle autre un canal; à l'usage des sociétés industrielles, il y a les commandes, — à l'usage des sociétés de courses, les subventions...

S'agit-il, au contraire, d'individus à gagner? le ruban de la Légion-d'Honneur, les palmes académiques, l'Ordre du Mérite agricole, les médailles de sauvetage, les bureaux de tabac mettent déjà, me semble-t-il, à la disposition d'un ministre entendu ou d'un préfet expérimenté de notables éléments d'accès et de succès. Que serait-ce, pourtant, et que deviendrait, je vous le demande, le Gouvernement, s'il ne gardait pas en réserve, pour les distribuer selon l'occurrence, de tous les genres et dans tous les genres, de tous les degrés, des PLACES?

Tout Français, en effet, ne rêve-t-il pas des fonctions de l'État? tout Français ne rêve-t-il pas un peu de se loger dans l'une de ces grandes administrations qui, supérieures à tous les changements, survivant à toutes les chûtes, se répartissent en quelque sorte la souveraineté de ce pays?

Mais il arrive que, si dédoublés que soient nos services, que si doublés que soient nos rouages, pas un ratelier ne reste libre, que ne soit vacante pas une place de laquelle rémunérer un concours.

Lorsqu'il n'y a plus de places, l'on en crée, CAR IL EN FAUT : le Gouvernement ne saurait s'en passer, le Gouvernement ne saurait se démunir de sa menue monnaie électorale.

Et voilà comment, contribuables qui m'écoutez, nous nous trouvions aux dernières nouvelles à la tête de 583,000 parasites, — à la tête, ou plutôt, n'est-ce pas? en la sujétion.

Je m'explique. Ce qui, d'après moi, nous conduirait peut-être à déplorer le plus ce développement illimité de l'immense armée à notre charge, c'est que l'État — pour tenter, j'imagine, de se justifier luimême en le justifiant — de jour en jour davantage embrouille nos affaires, de jour en jour — ne serait-ce que par les indiscrétions du recensement et de la statistique — davantage empiète sur notre liberté.

Le mandarinat, dites-le vous, finira, Messieurs, par nous dévorer entièrement, si nous ne finissons pas, à la longue, par nous révolter tout à fait.

Que ne pouvons-nous, malheureusement, demander à nos possessions d'outre-mer le refuge que l'on se plairait à en espérer contre sa domination déprimante! Mais, hélas! ne paraissons-nous pas, ces possessions, ne les conquérir et ne les conserver que dans le but de permettre au Gouvernement de les « caser » aussi, vaille que vaille, ceux-là qu'en dépit de recommandations, voire de députés présidents de groupes, jamais il ne se permettrait de « caser » dans la Métropole, chez nous?

De toutes parts, en ce pays, à l'heure actuelle, se dénotent je ne sais quel ralentissement de l'activité nationale, je ne sais quel envahissement de scepticisme, je ne sais quel désabusement et quel détachement...

Je vous le déclarerai, Messieurs, vous me voyez, en ce qui me concerne, profondément convaincu que cette situation douloureuse ne laisse pas que de se rattacher pour beaucoup à ce régime de la centralisation césarienne qui, tantôt sous l'étiquette : République, tantôt sous l'étiquette : Monarchie, depuis cent ans se perpétue en France.

L'organisation de l'an VIII a porté ses fruits : nous sommes un peuple, je ne dirai pas d'administrateurs, mais d'administrants et d'administrés.

Ni vie communale, ni vie régionale : où puiserions-nous, je vous le demande, l'esprit d'entreprise et de résolution?

La grande machine construite par Napoléon Bonaparte nous étreint et nous écrase ; de temps en temps, nous nous redressons pour la renverser, mais nous ne renversons que Charles X ou que Louis-Philippe, et, le lendemain comme la veille, la grande machine, qui n'a pas suspendu sa marche, est là pour nous tordre et pour nous broyer!

Comment le marasme et le dégoût ne s'étendraient-ils pas, dès lors, à la façon d'une brume de nos grèves, sur le pays inerte, revenu de toutes ses tentatives manquées? comment les meilleurs — les plus énergiques et les plus dévoués — ne se lasseraient-ils pas finalement de persister dans la lutte, quand personne en réalité ne veut plus les suivre?

Comme l'a dit un écrivain [1] qui, sur plusieurs des aspects confus de l'époque où nous nous trouvons, a parfois de ces intuitions de visionnaire qui projettent de troublantes clartés :

« Ce qui constitue le côté saisissant, le côté étrangement pathétique de certaines périodes historiques, c'est l'impuissance de tout contre la situation générale, contre la force invincible des choses...

« Ceux qui essaient de faire quelque chose sont ridicules...

« Tout vient se briser contre une indifférence absolue, contre une sorte d'ataraxie, d'impassibilité générale, qui n'est point l'ataraxie stoïque dont parle Proudhon, mais plutôt une inertie maladive, une prostration sur laquelle rien n'agit. »

Nous devrions désespérer, Messieurs, de ce que le système qui nous régit a contribué à faire de la race à laquelle nous appartenons, si la France, malgré tout, ne renfermait pas, nous le savons, de sublimes réserves de puissante vitalité.

Je n'en voudrais pour preuve que l'exemple de ce généreux fils qui vient là-bas de succomber pour elle, de cet admirable Morès qui, ne parvenant pas à contenter, au milieu de l'apathie présente, cette soif de

1. M. Édouard Drumont, *passim*.

l'action qui le consumait, vient, à la poursuite de son rêve, de rencontrer brusquement, dans les déserts de l'Afrique lointaine, du même coup la Gloire et la Mort!

III

Nous avons recherché, Messieurs, quelles étaient chez nous les origines et, ensuite, quelles étaient les conséquences fort complexes de la centralisation absolue. Je touche au terme de la tâche que je m'étais fixée ; que me resterait-il pour la terminer entièrement?

Je devrais, après vous avoir parlé du mal dont nous nous plaignons, vous parler du remède à y apporter.

Le remède à la centralisation, me dira-t-on, c'est la décentralisation! Oui, mais comment l'appliquer, ce remède? de quelle manière et dans quelle mesure l'administrer? Des liens nous rongent et nous étouffent ; comment et jusqu'où les desserrer? Telles sont les questions, n'est-ce pas? que j'aurais encore à me poser.

Je ne m'engagerai pas dans le détail de leur discussion.

Comme je l'indiquais, en effet, dans le préambule de cette conférence, je ne considère pas qu'il soit nécessaire, qu'il soit même utile, à l'heure où nous sommes, dès le début de la campagne à entreprendre, d'épiloguer à loisir sur des programmes et sur des projets.

J'ajouterai qu'au surplus je craindrais, en ne me

bornant pas, de compromettre la sympathie que me
semble attester vis-à-vis des idées que je vous sou-
mets la continuité flatteuse de votre attention.

Quelques mots, toutefois...

Lorsque se lèvera le jour béni de la réorganisation
administrative en France, nous ne procéderons pas à
la hâte, mais nous commencerons par le commencement.

Nous commencerons par émanciper plus complètement l'unité communale et l'unité départementale.

C'est ainsi que nous laisserons plus de latitude aux
Conseils municipaux dans la gestion des affaires de
la commune, plus de latitude aux Conseils généraux
dans la gestion des affaires du département.

C'est ainsi que par la création de nombreuses
commissions, techniques ou autres, — commissions
d'hygiène, d'instruction, de bienfaisance, de voirie, —
s'adjoignant, pour les seconder, aux assemblées élec-
tives, nous donnerons aux bonnes volontés compétentes la faculté de participer comme à l'Étranger —
comme en Allemagne, comme en Angleterre, comme
partout — à la surveillance et au jeu des divers services.

Dans la commune, nous dévoluerons le pouvoir
unitaire et personnel du maire à un bureau qu'il pré-
sidera : le bourgmestre, en Belgique, n'est que le
premier des échevins.

Dans le département, nous dévoluerons, relativement à toutes les affaires qui ne regardent que lui,

les prérogatives du préfet à la commission nommée
par le Conseil général; nous attribuerons, d'ailleurs,
à ce Conseil, ou à sa commission, la tutelle des
communes, des hospices, des établissements de bienfaisance, comme le demandait en 1871 M. Waddington.

Des objections nous seront faites; nous les réfu-
terons.

En ce qui concerne la commune, l'on nous dira,
par exemple, que le Pouvoir central ne veut avoir à
compter pour l'exécution des lois et la transmission
des ordres que sur un seul personnage, de manière à
n'avoir, le cas échéant, à briser qu'une seule résistance...

Nous répondrons que c'est la conception du césa-
risme; c'était celle de Napoléon Bonaparte : le maire
à la tête de la commune comme le Consul ou l'Em-
pereur à la tête du gouvernement. Or, nous ne
sommes plus à l'époque de l'Empire ou du Consulat;
pourquoi donc, je vous le demande, ne pas régler, à
l'instar de tous les peuples qui nous entourent, nos
institutions municipales sur nos transformations poli-
tiques?

L'on nous dira, de même, que bien des communes,
devenues maîtresses de leurs destinées, ne réussi-
ront pas, en trop de circonstances, à y présider uti-
lement...

Mais alors, l'administration supérieure se substi-
tuera, me semble-t-il, tout naturellement à elles. Ne
la voyons-nous pas déjà se substituer au maire pour
peu que celui-ci, que l'infinité de ses fonctions dé-

borde, n'ait pas le temps ou la capacité de les remplir?

Comme à l'Étranger, au surplus, l'on pourrait établir une législation distincte pour les grandes et les petites communes. La France est, je crois, le seul pays où une commune de 300 âmes soit régie par les mêmes règles qu'une agglomération de 300,000. Vous en saisissez les inconvénients. Comme le pensait, en effet, Vivien :

« La même loi peut-elle convenir là où les lumières et les ressources varient dans de si fortes proportions?... Une loi uniforme place le législateur dans une rigoureuse alternative : il faut qu'il restreigne les droits de tous en raison de l'incapacité de quelques-uns, ce qui est une injustice, ou qu'il accorde à tous les droits dont quelques-uns sont incapables d'user, ce qui peut compromettre les intérêts généraux... »

En ce qui concerne le département : « Quoi! s'écriera-t-on, vous songeriez à transférer du préfet, c'est-à-dire du Gouvernement, au Conseil général, ou à sa délégation permanente, la tutelle de nos communes! »

Mais n'en est-il pas partout ainsi? ne sont-ce pas partout, à l'Étranger, les assemblées de la région ou de la province qui, d'une façon soit directe, soit indirecte, exercent sur la gestion des affaires de l'unité communale ce contrôle qui, dans le système que nous subissons, incombe au représentant de l'autorité souveraine?

L'on ne se tiendra pas pour battu. « Vous oubliez

que le préfet est responsable devant son ministre; devant qui le Conseil général, ou sa commission, seront-ils responsables? » — l'on nous opposera cette difficulté.

Nous l'écarterons aisément.

Oui ou non, sommes-nous en France en pays de parlementarisme? Eh bien! le parlementarisme n'a-t-il pas pour fondement ce principe que les élus de la nation ne sont responsables que devant elle? — les élus du département ne seront responsables que devant lui! Changeons de théorie gouvernementale, ou alors acceptons-en toutes les déductions.

L'intérêt même du régime représentatif ne nous y pousse-t-il pas, à la vérité, — puisque ce régime, nous le savons, ne s'implantera définitivement chez nous que quand, par le développement et par l'ampleur de nos institutions locales, nous le pratiquerons à la base comme nous le pratiquons au sommet?

Rappelons-nous, à cet égard, ce qu'a dit justement M. de Tocqueville :

« Sans institutions locales, une nation peut se donner un gouvernement libre, mais elle n'a pas l'esprit de la liberté. Des passions passagères, des intérêts d'un moment, le hasard des circonstances, peuvent lui donner les formes extérieures de l'indépendance; mais le despotisme, refoulé dans l'intérieur du corps social, reparaît tôt ou tard à la surface... »

L'œuvre méritoire de l'émancipation de la commune et du département une fois menée à bien, je me plais à espérer, Messieurs, que nous ne jugerons pas que nous ayons fini.

Nous nous demanderons, par exemple, si l'organisation de l'unité cantonale ne présenterait pas sa raison d'être.

Divers essais ont été tentés au cours de ce siècle en vue de donner au canton le caractère d'un nouveau groupement et d'un nouveau centre.

M. Goblet, en 1882, déposait, vous vous en souvenez, un projet en ce sens.

Ce projet avorta.

C'est qu'aux termes de ses articles, l'on touchait, au profit du canton, à l'indépendance des communes et, particulièrement, à l'autonomie de leur budget.

Nous nous appliquerons, dans le cas où nous reprendrions l'idée, à ne pas venir sombrer sur l'écueil.

Procéderons-nous ensuite, enhardis par le succès et soutenus par l'opinion, à un remaniement complet de notre division du territoire, — autrement dit, fondrons-nous en une quinzaine de grands districts nos quatre-vingt-sept départements, véritablement trop petits — et, partant, trop faibles — vis-à-vis du Pouvoir, vis-à-vis de l'État?

Je considère, Messieurs, que nous devrons laisser aux départements eux-mêmes le soin de constituer à leur convenance des « régions »; je considère que notre rôle devra se limiter à le leur permettre et à le leur faciliter.

Comment cela?

Par l'élaboration d'une loi de la nature de celle du 27 mars 1890 sur les Syndicats de communes : les

départements pourraient s'agréger librement les uns
aux autres selon leurs affinités, leurs attachements et
leurs traditions; la réforme à effectuer ne s'accompli-
rait ainsi que de la manière la plus spontanée.

Tel est le but qu'il nous faut poursuivre...

Si nous nous élevons, en effet, contre le régime
ultra-centraliste au nom des libertés locales et de
notre liberté, nous ne sommes pas autorisés, me
semble-t-il, à introduire la décentralisation par la
force : n'imposons pas ce que nous proposons.

Proposons bravement, en revanche; ne serait-il pas
désastreux que l'on parvînt à nous arrêter par les
représentations que l'on nous fera?

Comme l'a proclamé dans son livre M. Deschanel,
« nous avons, depuis trois cents ans, la centralisation dans les moëlles; il nous en restera toujours
assez... »

Oui, grâce à Richelieu, grâce à Louis XIV, grâce
à Bonaparte, nous n'avons plus à redouter d'attenter
par elle à l'intégrité de la patrie.

Nous pouvons donc, j'imagine, décentraliser à
l'aise : la préoccupation de notre unité nationale ne
saurait désormais nous entraver.

Plus que tous, Messieurs, nous y tenons, à notre
unité nationale; plus que tous, nous nous refuserions
à la compromettre par des innovations désordonnées.

« C'est pourtant là, n'hésite-t-on pas à nous dire;
— à bout de raisonnements, je suppose, — sinon le
résultat que vous visez, le résultat que vous obtien-

driez et que vous préparez ! » Pour un peu, l'on con-
testerait notre patriotisme...

***

Ceci, n'est-ce pas? nous ne le souffrirons jamais.

Quoi, nous ne serions pas des patriotes! quoi!
nous oublierions la France! Mais nous prétendons la
régénérer...

« Vous l'affaibliriez, déclare-t-on; la France, vis-
à-vis de l'Étranger, n'a-t-elle pas besoin que le Pouvoir central souverainement dispose de toutes ses
ressources et de tous ses ressorts? »

Nous estimons, nous, que la France a surtout
besoin que nous la retirions, par la reconstitution de
la vie nationale, de ce découragement et de cette
prostration qui, de toutes parts, chez nous, se
dénotent à l'heure actuelle. Ce ne sont pas les Gouvernements forts qui, ne l'oublions pas, font les peuples
forts : ce sont les citoyens, ce sont les hommes : la
décentralisation en formera.

De quel droit, d'ailleurs, allèguerait-on que la
direction de notre défense extérieure se ressentirait
de la mise en pratique de nos idées? A la commune
et à la région, nous reconnaîtrons, il est vrai, leurs
libertés, mais le Pouvoir central a des attributions
qui lui reviennent : nous ne songeons en aucune
façon à le dépouiller des prérogatives qui s'y re-
lient.

Le Gouvernement, dans la France décentralisée, ne vaquera peut-être, pouvons-nous dire, que plus rigoureusement, plus vigoureusement aussi, à la grande tâche de la préservation de notre sol. Ne se trouvera-t-il pas, en effet, systématiquement déchargé de cette profusion de fonctions accessoires qui le détournent, au fond, de se consacrer à loisir à l'accomplissement minutieux de ses fonctions principales?

Puis, dans la France décentralisée, Paris ne sera plus le commencement et la fin; nous ne reverrons plus, dès lors, au cas des conflagrations éventuelles, ce que nous avons vu en 70, où, « Paris bloqué, les Français s'abandonnèrent; ils avaient perdu le point par où ils sont habitués à penser, à décider, à oser[1]. »

Cette fois, si le destin nous trompait encore, nous prolongerions la résistance. Lorsque, par malheur pour lui, Napoléon, en 1808, envahit l'Espagne, Madrid pris, nous ne tenions pas le reste. La Castille, la Catalogne, l'Aragon, toutes les provinces, en un mot, ne se soulevèrent-elles pas à l'envi? toutes à l'envi ne relevèrent-elles pas la cause nationale, — comme ne manqueraient pas de le tenter, le décentralisme aidant, la Bretagne, la Normandie ou la Flandre?

J'ai prononcé tout à l'heure le nom de Paris...

J'aurais voulu, dans cette conférence, vous indiquer un peu ce que Paris, cette tête de plus en plus apo-

1. M. Maurice Barrès, dans sa conférence de Bordeaux.

plectique sur un corps de plus en plus anémié, me
paraît, je ne vous le cache pas, nous coûter.

La centralisation, qui le niera? contribue largement
à l'accroissement démesuré de la Capitale, — de la
Capitale qui, dites-le vous, n'est-elle pas en train de
tuer la France en tuant la Province par le dépeuple-
ment et la ruine?

Au point de vue de la gestion de nos affaires, tant
du dehors que du dedans, Paris, vous le savez, nous
vaut en sus la domination exécrable de la tourbe des
cosmopolites et des faiseurs...

C'est de la part de ceux-là, me semble-t-il, que
nous devons particulièrement nous attendre à des
imputations de toute sorte au sujet de nos patrio-
tiques intentions.

Quelles que soient, au surplus, leur perfidie et leur
habileté, je considère que la victoire ne saurait finalement ne pas nous demeurer.

Je vous ai parlé, Messieurs, de l'apathie présente,
de ce détachement de tout de presque tous, de cette
disposition commune à se répéter que, selon la for-
mule d'un humoriste célèbre : Plus ça change, plus
c'est la même chose...

Coûte que coûte, nous parviendrons à les secouer.

Coûte que coûte, par la parole, par la plume,
nous parviendrons à créer le mouvement libérateur
de qui, d'après nous, dépend l'avenir de ce pays.

Non moins qu'à des fiertés, nous nous adresserons
à des intérêts.

Nous nous demanderons, par exemple, s'il n'est pas

possible à nos syndicats de l'agriculture de contracter, en faveur de nos aspirations raisonnées, une alliance offensive avec les syndicats commerciaux, de manière à doubler de celle de nos villes la protestation de nos campagnes contre la centralisation et sa Babylone [1].

Le magnifique succès du premier essai de Concours provinciaux n'a-t-il pas été la démonstration éclatante que la Province, malgré tout, n'était pas morte : nous avons le devoir de la réveiller !

En ce qui nous concerne, Bretons, notre amour de la petite patrie décuplera notre courage dans la lutte à livrer par nous pour l'affranchissement de la grande.

Nos soldats des Côtes-du-Nord et du Finistère, du Morbihan et de l'Ille-et-Vilaine se remémoraient l'une comme l'autre lorsqu'ils rivalisaient de mépris des balles sur les champs de bataille de 70.

Faisons de même. Bretons et Français, rappelons-nous à la fois France et Bretagne. Pour la Bretagne et pour la France, DÉCENTRALISONS !

1. L'auteur de cette conférence a combattu de son mieux cet hiver l'Exposition de 1900. Un effort simultané de la part des deux catégories de syndicats nous eût peut-être évité cette foire qui, je le reconnais, enrichira les limonadiers parisiens, mais qui, du même coup, ruinera — si ce n'est fait — le commerce de Province par le détournement de la clientèle et l'agriculture française par l'émigration de la main-d'œuvre.

IMPRIMERIE MARIE SIMON ET Cⁱᵉ

Rue Leperdit, 2 bis, Rennes.

www.ingramcontent.com/pod-product-compliance
Ingram Content Group UK Ltd.
Pitfield, Milton Keynes, MK11 3LW, UK
UKHW020954220726
13924UKWH00002B/684